Kein schöner Lied

Volkslieder in neuen und alten Sätzen
für dreistimmigen Chor (Sopran, Alt, Männerstimmen)

*German folksongs in new and old arrangements
for three-part choir (Soprano, Alto, Baritone)*

hrsg. von | edited by
Jochen Stankewitz

EDITION PETERS

LEIPZIG · LONDON · NEW YORK

Das historische Verlagsgebäude der Edition Peters, Talstraße 10, Leipzig
The historic office building of Edition Peters in Leipzig, Talstrasse 10

EP 11611

ISMN 979-0-014-13542-3

Vorwort

Was ist ein „Volkslied"? Seit dem Aufkommen des Begriffs Ende des 18. Jahrhunderts fiel die Antwort auf diese Frage je nach Zeit und Ort ganz unterschiedlich aus. Nach gängiger Definition handelt es sich um Lieder „in aller Munde", die von alters her vor allem durch das gemeinschaftliche Singen überliefert wurden. Doch schon früh entstanden auch Neuschöpfungen von Komponisten wie Carl Friedrich Zelter oder Friedrich Silcher, und zur mündlichen Tradition gesellten sich gedruckte Sammlungen. Über die Frage, was in solche Liederbücher aufzunehmen sei und was nicht, entbrannten dabei hitzige Debatten. So war das Volkslied seit jeher auch ein Spiegel der gesellschaftlichen und politischen Gegenwart.

Die zahlreichen Liederbücher der Edition Peters – darunter maßgebliche Sammlungen wie Ludwig Erks *Deutscher Liederschatz* (1873), die bekannten „Kaiserliederbücher" (1906 bzw. 1915) und das *Volksliederbuch für die Jugend* (1930) – bilden in dieser Hinsicht keine Ausnahme. Und auch die vorliegende Auswahl, die an diese lange Verlagstradition anknüpft, ist zugleich ein Abbild aktueller Gegebenheiten.

In der Chorpraxis hat sich im Laufe der Zeit ein Repertoire an älteren Melodien etabliert, die ganz ohne ideologische Scheuklappen neben der internationalen Folklore und der populären Musik gepflegt werden. Gerade dieses deutschsprachige Volksliedrepertoire erfreut sich seit gut einem Jahrzehnt einer Renaissance. Nicht nur werden alte Sätze wiederentdeckt; es entstehen auch neue Bearbeitungen von Chorschaffenden der Gegenwart.

Vor diesem Hintergrund trat die Edition Peters mit der Bitte an mich heran, ein zeitgemäßes Liederbuch für dreistimmigen gemischten Chor herauszugeben, das Bewährtes mit Neuem verbindet. Entstanden ist eine Mischung aus musikalisch wertvollem Material früherer Bände und zum Teil eigens geschaffenen Arrangements der gefragtesten Chorkomponistinnen und -komponisten Deutschlands.

Alle 48 leichten bis mittelschweren Sätze für Sopran-, Alt- und Männerstimmen zeugen von der besonderen Kunstfertigkeit, die diese Besetzung verlangt. Obwohl nur dreistimmig, klingen die Kompositionen harmonisch reichhaltig, gehen satztechnisch immer wieder über die Homophonie hinaus und sind vor allem auch gut singbar. Das Format des Bandes verbindet Handlichkeit mit einem klar lesbaren Notenbild.

Mein Dank gilt den Schöpferinnen und Schöpfern der neuen Sätze, deren geschmackvolle Volksliedbearbeitungen eine große Bereicherung für diese Sammlung darstellen. Einen besonderen Dank möchte ich dem Team der Edition Peters für die stets konstruktive und vertrauensvolle Zusammenarbeit aussprechen. Mit dem vorliegenden Buch verbindet sich mein Wunsch, dass viele auch kleinere Chöre die Gelegenheit ergreifen mögen, dieses herrliche Kulturgut lebendig zu halten.

Leipzig, April 2022

Jochen Stankewitz

Preface

What is a 'folksong'? Since the term emerged – in its German guise of 'Volkslied' – at the end of the 18th century, the answer to this question has varied greatly depending on time and place. In common understanding, the label denotes songs that are 'on everyone's lips' and have been handed down from time immemorial, especially through communal singing. From early on, however, the definition has also included newly created settings (in Germany, by composers such as Carl Friedrich Zelter and Friedrich Silcher), and printed collections soon emerged to complement the oral tradition. What should or should not be included in such songbooks became the subject of heated debates. Thus, folksong has always been a mirror of contemporary society and politics.

The numerous folk-song books published by Edition Peters – including authoritative collections such as Ludwig Erk's *Deutscher Liederschatz* (1873), the so-called 'Kaiserlieder-bücher' (launched, at the German emperor's behest, in 1906 and 1915), and the *Volkslie-derbuch für die Jugend* (1930) – are no exception in this respect. The present selection, too, is both a continuation of this long publishing tradition and a reflection of contemporary culture. Over time, German choral practice saw the emergence of an established repertoire of older vernacular songs which today are regularly performed alongside folk and popular music from across the world, without ideological prejudice. In the past decade or so, this German-language folksong repertoire in particular has enjoyed a renaissance. Not only are old settings being rediscovered; there has also been a surge in new arrangements by contemporary choral writers.

Against this background, Edition Peters kindly asked me to edit a modern folksong book for three-part mixed choir, combining the tried and tested with the new. The result is a mix of particularly successful arrangements from previous books and of fresh repertoire, some of it written specially for this collection by Germany's leading choral composers.

All of these 48 easy to intermediate arrangements for soprano, alto and baritone voices bear witness to the special artistry that this scoring demands. Despite being limited to three parts, these pieces are harmonically rich, diverse in texture – repeatedly going beyond mere homophony – and, above all, eminently singable. The book's format combines easy handling with a clearly readable score.

My thanks go to the composers of the new arrangements, whose tasteful contributions have greatly enriched this collection. I would like to say a particular thank you to the team at Edition Peters for their close collaboration and constructive feedback throughout this project. My hope is that this book will give smaller choirs in particular the opportunity to keep this wonderful musical heritage alive.

Leipzig, April 2022

Jochen Stankewitz
Translation: Arne Muus

Inhalt / Contents

III. ADE ZUR GUTEN NACHT / GOOD EVENING, GOOD NIGHT

IV. ABSCHIED UND VERGÄNGLICHKEIT / PARTINGS AND FAREWELLS

V. DIE GEDANKEN SIND FREI / THOUGHT IS FREE

1. So treiben wir den Winter aus

Text: 1584
Melodie: Vorreformatorisch
Satz: Alwin M. Schronen

Edition Peters 11611

3. Nun hab'n den Win-ter wir aus-ge-trie-ben, so brin-gen wir den Som-mer wie-der, den Som-mer und den Mai-en mit Blüm-lein man-cher-lei - en.

3. Nun hab'n den Win-ter wir aus-ge-trie-ben, so brin-gen wir den Som-mer wie-der, den Som-mer und den Mai-en mit Blüm-lein man-cher-lei - en.

3. Nun! Nun! Nun! *simile* _ den Som-mer und den Mai-en mit Blüm-lein man-cher-lei - en.

molto ritardando

4

2. Im Märzen der Bauer

Volkslied aus Nordmähren / Schlesien
Satz: Ludwig Böhme

3. Der Winter ist vergangen

Text: Weimarer Liederhandschrift, 1537
Melodie: um 1600
Satz: Armin Knab (1881–1951)

S

1. Der Win - ter ist ver - gan - - -
2. Ich geh, ein Mai zu hau - - -

A

1. Der Win - ter ist ver - gan - - -
2. Ich geh, ein Mai zu hau - - -

M

Mel.

1. Der Win - ter ist ver -
2. Ich geh, ein Mai zu

- - gen, ich seh des Mai - en Schein; ich
- - en, hin durch das grü - ne Gras; schenk

- - gen, ich seh des Mai - en Schein; ich
- - en, hin durch das grü - ne Gras; schenk

- gan - gen, ich seh des Mai - en Schein; ich
hau - en, hin durch das grü - ne Gras; schenk

seh die Blüm - lein pran - - gen, des ist mein Herz er -
mei - nem Buhl die Treu - - e, die mir die Lieb - ste

seh die Blüm - lein pran - gen, des ist mein Herz er -
mei - nem Buhl die Treu - e, die mir die Lieb - ste

seh die Blüm - lein pran - gen, des ist mein Herz er -
mei - nem Buhl die Treu - e, die mir die Lieb - ste

Edition Peters 11611

4. Nun will der Lenz uns grüßen

Text und Melodie: 13. Jahrhundert
Satz: Cesar Bresgen (1913–1988)

1. Nun will der Lenz uns grü – ßen, von Mit - tag weht es
al - len Wie - sen sprie – ßen die Blu - men rot und

1. Nun will der Lenz uns grü – ßen, von Mit - tag
aus al - len Wie - sen sprie – ßen die Blu - men

1. 2.
lau; aus blau. Draus wob die brau - ne
weht es lau; rot und blau. Draus wob die

Hei – de sich ein Ge - wand gar fein und
brau - ne Hei – de sich ein Ge - wand gar fein

lädt im Fest - tags - klei – de zum Mai - en - tan - ze ein.
und lädt im Fest - tags - klei - de zum Mai - en - tan - ze ein.

Edition Peters 11611

2. Wald - vög - lein Lie - der sin - - gen, wie ihr sie nur be -
auf zu fro - hem Sprin - gen, die Reis' ist Gol - des

2. Wald - vög - lein Lie - der sin - - gen, wie ihr sie
drum auf zu fro - hem Sprin - gen, die Reis' ist

1. - gehrt, drum 2. wert! Hei, un - ter grü - nen
nur be - gehrt, Gol - des wert! Hei, un - ter

Lin - den, da leuch - ten wei - ße Kleid! Hei -
grü - nen Lin - den, da leuch - ten wei - ße Kleid!

- ja, nun hat uns Kin - dern ein End all Win - ters - leid.
Hei - ja, nun hat uns Kin - dern ein End all Win - ters - leid.

5. Der Mai ist gekommen

Text: Emanuel Geibel (1815–1884), 1835
Melodie: Justus Wilhelm Lyra (1822–1882), 1842
Satz: Armin Knab (1881–1951)

1. Der Mai ist ge-kom-men, die Bäu-me schla-gen aus, da bleibe, wer Lust hat mit Sor-gen zu Haus; wie die
2. Herr Va-ter, Frau Mut-ter, dass Gott euch be-hüt'! Wer weiß, wo in der Fer-ne mein Glück mir noch blüht! Es

14

Edition Peters 11611

Edition Peters 11611

6. Wie schön blüht uns der Maien

Text: Georg Forster (1510–1568), 1549
Melodie: 1619
Satz: Wilhelm Weismann (1900–1980)

1. Wie schön blüht uns der Mai - en, der Som - mer fährt da-hin. Mir ist ein schön's Jung- fräu - lein ge - fal - len in mei - nen Sinn. Bei ihr, da wär mir wohl, ja wohl, wenn ich nur an sie den - ke, mein Herz ist freu - de - voll.

15

Mel.

2. Bei ihr, da wär— ich ger - ne; bei ihr,— da wär— mir
3. Wollt Gott, ich fänd— im Gar - ten drei Ro - sen auf ei - nem

2. Bei ihr, da wär— ich ger - ne; bei ihr,— da wär mir
3. Wollt Gott, ich fänd— im Gar - ten drei Ro-sen auf ei - nem

18

wohl; sie ist mein Mor - gen - ster - ne, strahlt mir— ins Herz_ so
Zweig. Ich woll - te auf— sie war - ten, ein Zei - chen wär— mir

wohl; sie ist mein Mor - gen - ster - ne, strahlt mir ins Herz so
Zweig. Ich woll - te auf— sie war - ten, ein Zei - chen wär mir

22

weit, ja weit,

voll.— Sie hat ein ro - ten Mund,— sollt
gleich.— Das Mor - gen - rot— ist weit,— es

voll.— Sie hat— ein ro - ten Mund,— sollt
gleich.— Das Mor - gen - rot— ist weit, ja weit, es

25

ich sie da - rauf küs - sen, mein Herz würd mir— ge - sund._
streut schon sei - ne Ro - sen, A - de,— mein schö - ne Maid.

ich sie da - rauf küs - sen,— mein Herz würd mir ge - sund._
streut schon sei - ne Ro - sen,— A - de,—mein schö - ne Maid.

7. Bunt sind schon die Wälder

Text: Joh. Gaudenz von Salis-Seewis (1762–1834), 1793
Melodie: Johann Friedrich Reichardt (1752–1814), 1799
Satz: Roland Erben

*) S/A/M vor der 2. Str.: uuuh

1. Bunt sind schon die Wäl - der, gelb die Stop - pel - fel - der und der Herbst be - ginnt, der Herbst be -
2. Wie die vol - le Trau - be aus der Re - gen - lau - be pur - pur - far - big strahlt, so far - big!

11

Ro - te Blät - ter fal - len, grau - e Ne - bel
Am Ge - län - der rei - fen Pfir - si - che mit

-ginnt, die Blät - ter fal - len, grau - e Ne - bel
Am Ge - län - der rei - fen Pfir - si - che mit

-ginnt, die Blät - ter fal - len, grau - e Ne - bel
Am Ge - län - der rei - fen Pfir - si - che mit

14

wal - len, küh - ler weht der Wind.
Strei - fen, rot und weiß be - malt.

wal - len, küh - ler weht der Wind.
Strei - fen, so rot und weiß be - malt.

wal - len, küh - ler weht der Wind, der Wind.
Strei - fen, rot und weiß be - malt.

20

8. Es ist ein Ros entsprungen

Katholisches Kirchenlied, 16. Jh. (3. Strophe: 19. Jh.)
Satz: Johannes Weyrauch (1897–1977)

S

1. Es ist ein Ros ent-sprun-gen aus ei-ner Wur-zel
   wie uns die Al-ten sun-gen, von Jes-se kam die

A

1. Es ist ein Ros ent-sprun-gen aus ei-ner Wur-zel
   wie uns die Al-ten sun-gen, von Jes-se kam die

M

1. Es ist ein Ros ent-sprun-gen aus ei-ner Wur--zel
   wie uns die Al-ten sun-gen, von Jes-se kam die

4

zart,
Art und hat ein Blüm-lein bracht mit-ten im kal-ten

zart,
Art und hat ein Blüm-lein bracht mit-ten im kal-ten

zart,
Art und hat ein Blüm-lein bracht mit-ten im kal-ten

8

Win-ter wohl zu der hal-ben Nacht.

Win-ter wohl zu der hal-ben Nacht.

Win-ter wohl zu der hal--ben Nacht.

Edition Peters 11611

2. Das Rös-lein, das ich mei - ne, da - von Je - sa - ja sagt,
hat uns ge - bracht al - lei - ne Ma - rie, die rei - ne Magd.

3. Das Blü-me-lein so klei - ne, das duf-tet uns so süß,
mit sei-nem hel - len Schei - ne ver - treibts die Fin - ster - nis.

2. Das Rös-lein, das ich mei - ne, da - von Je - sa - ja sagt,
hat uns ge - bracht al - lei - ne Ma - rie, die rei - ne Magd.

3. Das Blü-me-lein so klei - ne, das duf-tet uns so süß,
mit sei-nem hel - len Schei - ne ver - treibts die Fin - ster - nis.

2. Das Rös-lein, das ich mei - ne, da - von Je - sa - ja sagt,
hat uns ge - bracht al - lei - ne Ma - rie, die rei - ne Magd.

3. Das Blü-me-lein so klei - ne, das duf-tet uns so süß,
mit sei-nem hel - len Schei - ne ver - treibts die Fin - ster - nis.

Aus Got - tes ew' - gem Rat hat sie ein Kind ge-
Wahr' Mensch und wah - rer Gott, hilft uns aus al - lem

Aus Got - tes ew' - gem Rat hat sie ein Kind ge-
Wahr' Mensch und wah - rer Gott, hilft uns aus al - lem

Aus Got - tes ew' - gem Rat hat sie ein Kind ge-
Wahr' Mensch und wah - rer Gott, hilft uns aus al - lem

-bo - ren, wel - ches uns se - lig macht.
Lei - de, ret - tet von Sünd und Tod.

-bo - ren, wel - ches uns se - lig macht.
Lei - de, ret - tet von Sünd und Tod.

-bo - ren, wel-ches uns se - lig macht. *(folgt 3. Str.)*
Lei - de, ret - tet von Sünd und Tod.

Edition Peters 11611

9. Vom Himmel hoch, o Englein, kommt

Text und Melodie: Köln 1623
Satz: Johannes Weyrauch (1897–1977)

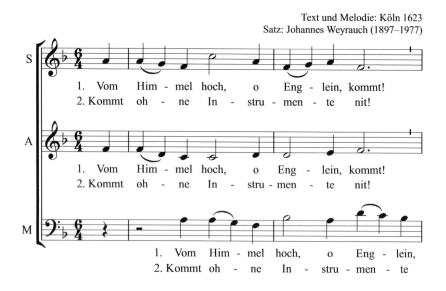

26

3. Hier muss__ die Mu - sik himm - lisch sein,
4. Die Stim - men müs - sen lieb - lich gehn,

3. Hier muss__ die Mu - sik himm - lisch sein,
4. Die Stim - men müs - sen lieb - lich gehn,

3. Hier muss__ die Mu - sik himm - lisch
4. Die Stim - men müs - sen lieb - lich

Ei - a, ei - a, su - sa - ni, su - sa - ni,

Ei - a, su - sa - ni,

sein,
gehn, Ei - a, ei - a, su - sa - ni,

weil dies ein himm - lisch Kin - de - lein.
su - sa - ni. und Tag und Nacht nicht stil - le stehn. Hal-

weil dies ein himm - lisch Kin - de - lein.
su - sa - ni. und Tag und Nacht nicht stil - le stehn.

weil dies__ ein himm - lisch
su - sa - ni. und Tag__ und Nacht nicht

5. Das Saitenspiel muss lauten süß. Eia…
   Davon das Kindlein schlafen müss. Halleluja…

6. Singt Fried den Menschen weit und breit. Eia…
   Gott Preis und Ehr in Ewigkeit. Halleluja…

10. Kommt all herein, ihr Engelein

Text und Melodie: Volksweise aus dem Aargau
Satz: Carl Thiel (1861–1939)

30

11. Ach bittrer Winter

Text und Melodie: 16. Jahrhundert
Satz: Uwe Henkhaus

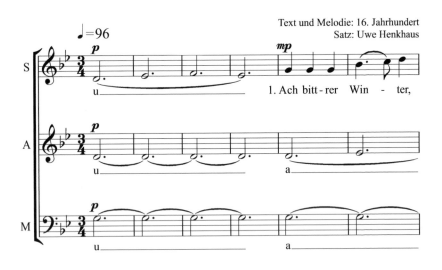

34

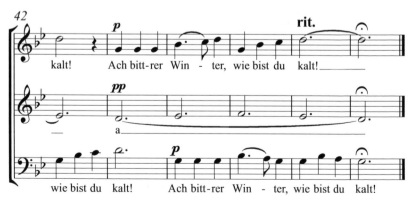

12. Gestern bei Mondenschein

Volkslied aus Österreichisch-Schlesien, vor 1865
Satz: August von Othegraven (1864–1946)

Andante con moto

*) auch in F-Dur

Edition Peters 11611

36

Edition Peters 11611

3. „Ich wind ein Kränz-lein aus grü-nen Zy - pres - sen, es soll fürs

3. „Ich wind ein grü - nes Kränz - lein, es soll fürs

3. „Ich wind ein grü - nes Kränz - lein, fürs

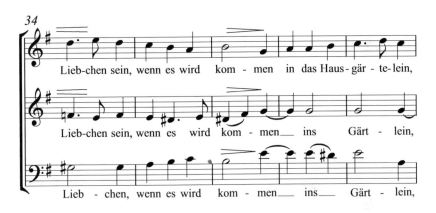

Lieb-chen sein, wenn es wird kom - men in das Haus-gär - te-lein,

Lieb-chen sein, wenn es wird kom - men ins Gärt - lein,

Lieb - chen, wenn es wird kom - men ins Gärt - lein,

in das Haus-gär - te-lein bei Mon - den - schein."

— ins Haus-gärt - lein bei Mon - den - schein."

in das Haus-gärt - lein bei Mon - den - schein."

13. Ach Lieb, ich muss dich lassen

Heinrich Isaac (um 1450–1517), 1495
Satz: Leonhard Lechner (1553–1606), 1577

© 1941, 2022 by C. F. Peters Ltd & Co. KG, Leipzig

üb - - ler g'fal - len, dann so die
- ler g'fal - - len, dann so die Liebst ob
- - - - ler g'fal - len, dann

Liebst ob al - len von mir so
al - - - - len von
so die Liebst ob al - len von mir so

muss ge - schie - - den sein!
mir so muss ge - -schie - -den sein!
muss ge - schie - den sein!

40

14. Ach, wie empfindt mein Herze

Giovanni Gastoldi (um 1553–1609)
Dt. Text: Valentin Haußmann (um 1560–1614), 1607

15. Ännchen von Tharau

Text: Simon Dach, 1637 / Joh. Gottfried Herder, 1778
Melodie: Friedrich Silcher (1789–1860), 1827
Satz: Hans Chemin-Petit (1902–1981)

1. Änn - chen von Tha - rau ist, die mir ge - fällt, sie ist mein
2. Käm al - les Wet - ter gleich auf uns zu schlahn, wir sind ge -

Le - ben, mein Gut und mein Geld. Änn - chen von Tha - rau hat
-sinnt, bei ein - an - der zu stahn. Krank - heit, Ver - fol - gung, Be -

wie - der ihr Herz auf mich ge - rich - tet in Lie - be und Schmerz.
-trüb - nis und Pein soll uns - rer Lie - be Ver - kno - ti - gung sein.

1.–2. Änn - chen von Tha-rau, mein Reich-tum, mein Gut, du mei-ne See-le, mein

16. All mein Gedanken

Text und Melodie: Lochamer Liederbuch, um 1450 / 1460
Satz: Alwin M. Schronen

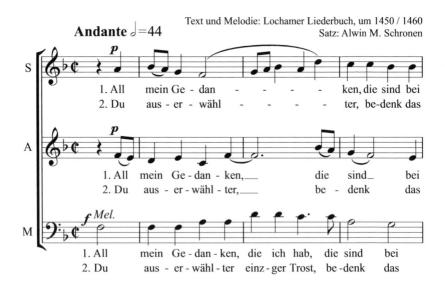

17. Das Lieben bringt groß Freud

Friedrich Silcher (1789–1860)
nach einem schwäbischen Volkslied
Satz: Cesar Bresgen (1913–1988)

zwei schwarz - brau - nen Äu - ge - lein, die
Ros - ma - rin, brauns Nä - ge - lein, sie
Gott, der Herr, aus-ein - an - der-scheidt. Dann A -

- lein mit zwei schwarz - brau - nen Äu - ge - lein,
- lein schön Ros - ma - rin, brauns Nä - ge - lein,
Leid, bis uns Gott, der Herr, aus - ein - an - der - scheidt.

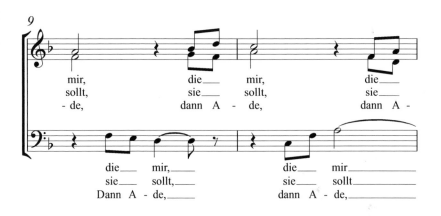

mir, die mir, die
sollt, sie sollt, sie
- de, dann A - de, dann A -

die mir, die mir
sie sollt, sie sollt
Dann A - de, dann A - de,

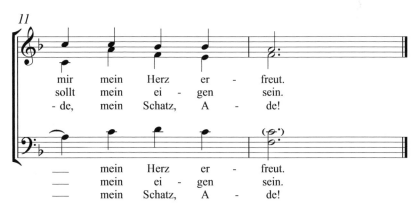

mir mein Herz er - freut.
sollt mein ei - gen sein.
- de, mein Schatz, A - de!

mein Herz er - freut.
mein ei - gen sein.
mein Schatz, A - de!

50

18. Ich ging durch einen grasgrünen Wald

Melodie: aus Hessen, 19. Jahrh.
Satz: Sylke Zimpel

*) *Die kursiv gesetzten Strophenteile in den einzelnen Stimmen können durch Vokalisen ersetzt werden, wodurch der Dialogcharakter des Liedes sehr viel deutlicher würde. In diesem Falle würden die Männerstimmen die wörtliche Rede des Mädchens textlos auf Vokalise begleiten und anders herum. Sollten alle Strophen vom Tutti gesungen werden (also ohne Vokalisen), dann müssten in den Strophen 5 und 6 die Alternativtexte gewählt werden.*

© Edition Ferrimontana, Ober-Mörlen

6

riten.   **a tempo**

san - gen so alt, die klei - nen Vö - ge -lein in dem Wald, die
mir es so fein! Heut A - bend, da will__ ich bei ihr sein, will
sei - nem Ring:„Steh auf,__ du herz -al -ler - schön -stes Kind, ich

san - gen so alt, die klei - nen Vö - ge -lein in__ dem Wald, die
mir es so fein! Heut A - bend will__ ich bei__ ihr sein, will
sei - nem Ring:„Steh auf,__ du herz - al -ler- schön - stes Kind, ich

jung und so alt, die klei - nen Vög- lein in dem Wald, die
hübsch und so fein! Heut A - bend will ich bei ihr sein, will
sei - nem Ring: „Steh auf,__ herz -al - ler - schön - stes Kind, ich

9

| Variante ohne Zwischenspiel | Variante mit Zwischenspiel |

(folgt nächste Strophe)   **rit.**   **rit.**

hört ich so ger-ne wohl sin - gen. sin - gen.
schla- fen in ih - ren Ar - men." Ar - men."
ha - be schon lan-ge ge - stan - den!" -stan - den!"

hört ich so gern wohl sin - gen. sin - gen.
schla - fen in ih - ren Ar - men." Ar - men."
ha - be schon lang ge - stan - den!" -stan - den!"

(Tenor)

hört ich so gern wohl sin - gen. sin - gen.
schla - fen in ih - ren Ar - men." Ar - men."
ha - be schon lang ge - stan - den!" -stan - den!"

52

Zwischenspiel (Tutti oder Soli)

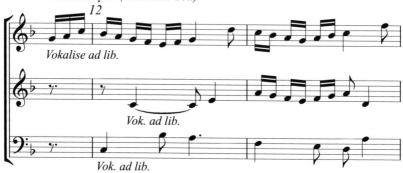

Vokalise ad lib.

Vok. ad lib.

Vok. ad lib.

ritardando

4. „So lan - ge ge - stan - den hast du noch nicht, ich
5. *Wo ich___ so lan - ge ge - blie - ben___ bin, das*

4. „So lang ge - stan - den hast du noch nicht,__ ich
5. *Wo ich so lang ge - blie - ben___ bin,___ das*

4. „So lang ge - stan - den hab ich noch nicht, ich
5. Wo ich so lang___ ge - blie - ben bin, das

Edition Peters 11611

ha - be noch gar nicht ge - schla - fen. Ich ha - be ge - dacht in
darf ich dir, Schätz - chen, wohl sa - gen: wohl bei__ dem Bier, wohl

ha - be noch gar nicht ge - schla - fen. Ich ha - be ge - dacht in
darf ich dir, Schätz - chen, wohl sa - gen: wohl bei__ dem Bier, wohl

hab noch nicht ge - schla - fen. Hab ge - dacht in
kann ich dir wohl sa - gen: Wohl beim Bier, wohl

21

riten.   a tempo

mei - nem Sinn: wo ist mein Herz - al - ler - schön - ster hin? Wo
bei dem Wein, all - wo die schö - nen Jung - fern sein, da

mei - nem Sinn: wo ist mein Herz - al - ler - schön - ster hin? Wo
bei__ dem Wein, all - wo die schö - nen Jung - fern sein, da

mei - nem Sinn: wo ist__ nur mein Herz - lieb - ster hin? Wo
bei__ dem Wein, all - wo__ die schö - nen Jung - fern sein, da

Variante ohne Zwischenspiel | Variante mit Zwischenspiel
(folgt nächste Strophe)
24   rit.   rit.

bist du so lan - ge ge - blie - ben?" -blie - ben?"
bist* du* wohl* je - der - zeit ger - ne." ger - ne."
*oder: bin ich auch

bist du so lang ge - blie - ben?" blie - ben?"
bist* du* wohl* all - zeit ger - ne." ger - ne."
*oder: bin ich auch

bist du so lang ge - blie - ben?" - blie - ben?"
bin ich auch all - zeit ger - ne." ger - ne."

Edition Peters 11611

54

Zwischenspiel

-spre-chen euch viel und hal - ten's nicht, sie füh-ren uns* al - le nur
*oder: sich

-spre-chen euch viel und hal - ten's nicht, sie führ'n uns* al - le nur
*oder: sich

-spre-chen viel und hal - ten's nicht, wir** füh-ren euch al - le
**oder: sie

riten.   a tempo

hin - ter's Licht und tun sich nur im - mer ver -

hin - ter's Licht und tun sich nur - mehr ver -

hin - ter's Licht und tun uns* nur - mehr ver -
*oder: sich

rit.   *Coda* ritardando   *rubato*

-stel - len.

-stel - len.

-stel - len.

19. Ich hab mir einen Garten gepflanzet

Volkslied, vor 1819
Satz: Günter Raphael (1903–1960)

2. Das Un-kraut ist mir ge-wach - sen, der gan - ze

2. Das Un-kraut ist mir ge-wach - sen, der gan - ze Gar-ten

Mel.
2. Das Un-kraut ist mir ge-wach - sen, der gan - ze Gar-ten

Gar-ten voll, es ist mir ge-ra-ten im Mon-den-schein, da

voll, es ist mir ge-ra-ten im Mon-den-schein, da

voll, es ist mir ge-ra-ten im Mon-den-schein, da

ich und mein Herz-lieb - chen bei-nan-der sein,

ich und mein Herz-lieb - chen bei-nan-der sein, ei,

ich und mein Herz-lieb - chen bei-nan-der sein,

ei, Herz-lieb - chen, ge-denk an mich! 3. Du

Herz - lieb - chen, ge-denk an mich! 3. Du

ei, Herz-lieb - chen, ge-denk an mich! 3. Du

58

hast ge-sagt, du wollst mich neh - men, so - bald_____ der

hast ge-sagt, du wollst mich neh - men, so - bald der Som - mer_

hast ge-sagt, du wollst mich neh - men, so - bald der Som - mer

Som - mer käm; der Som - mer ist kom - men in das Land, du

käm; der_ Som - mer ist kom - men in das Land, du_

käm; der_ Som - mer ist_ kom - men in das Land, du_

hast mich nicht ge-nom-men bei der Hand; ei, Herz-lieb-chen, ge-

hast mich nicht ge-nom-men bei der Hand; ei, Herz-lieb-chen, ge-

hast mich nicht ge-nom-men bei der Hand; ei,_____ Herz-lieb-chen, ge-

60

20. Rosenstock, Holderblüh

Friedrich Silcher (1789–1860)
nach einem Schwäbischen Volkslied
Satz: Franz Burkhart (1902–1978)

Gemütlich bewegt

1. Ro - sen-stock, Hol - der - blüh! Wenn i mein Dirn - derl sieh,
2. G'sich - terl wie Milch und Blut, 's Dirn - derl ist gar so gut,

lacht mer vor lau - ter Freud 's Her-zerl im Leib.
um und um dok - kerl - nett, wenn i's no hätt!

Tra-la-la, tra-la-la, tra - la - la, tra-la-la-la-la-la,

tra-la-la, tra-la-la, tra - la - la - la.

Edition Peters 11611

© 1941, 2022 by C. F. Peters Ltd & Co. KG, Leipzig

21. Stehn zwei Stern'

Text und Melodie: aus dem Westerwald
Satz: Wilhelm Weismann (1900–1980)

22. Vetter Michel

Volksweise, 18. Jahrh.
Satz: August von Othegraven (1864–1946)

66

3. Die Mut-ter saß an ih-rem Rad, die Mut-ter saß an ih-rem Rad, Vet-ter Mi-chel in die Stu-be trat, Vet-ter Mi-chel in die Stu-be trat. Er

4. Die Brü-der ka-men all her-bei, die Brü-der ka-men all her-bei; Vet-ter Mi-chel sprach da man-cher-lei, Vet-ter Mi-chel sprach da man-cher-lei, dem

68

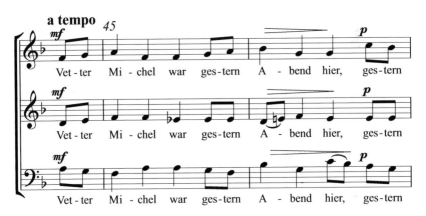

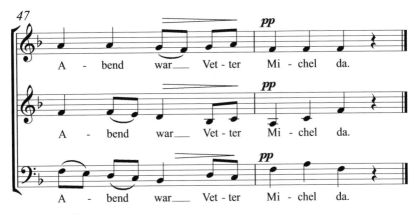

Edition Peters 11611

23. Wach auf, meins Herzens Schöne

Text: 16. Jahrhundert
Melodie: Johann Friedrich Reichardt (1752–1814), 1778
Satz: Jutta Michel-Becher

72

Edition Peters 11611

24. Wenn alle Brünnlein fließen

Friedrich Silcher (1789–1860)
nach einem schwäbischen Volkslied
Satz: Jutta Michel-Becher

76

25. Ade zur guten Nacht

Text und Melodie: aus Franken / Sachsen, vor 1848
Satz: Franz Burkhart (1902–1978)

Wdh. mit gleichem Text,
danach 2. Strophe

Edition Peters 11611

26. Kein schöner Land

Anton Wilhelm von Zuccalmaglio (1803–1869)
Satz: Uwe Henkhaus

82

3. Dass wir uns hier in die-sem Tal noch tref-fen so viel hun-dert-

3. Dass wir uns hier in die-sem Tal noch tref-fen so viel, so viel

3. Dass wir uns hier in die-sem Tal noch tref-fen so viel, so viel

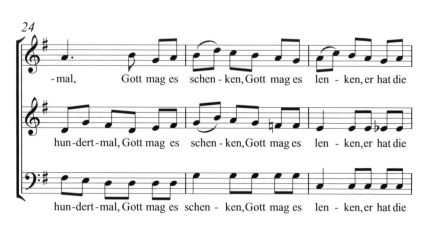

-mal, Gott mag es schen - ken, Gott mag es len - ken, er hat die

hun-dert-mal, Gott mag es schen - ken, Gott mag es len - ken, er hat die

hun-dert-mal, Gott mag es schen - ken, Gott mag es len - ken, er hat die

Gnad, Gott mag es schen - ken, Gott mag es len - ken, er hat die

Gnad, Gott mag es schen- ken, Gott mag es len - ken, er hat die

Gnad, Gott mag es schen - ken, Gott mag es len - ken, er hat die

83

Edition Peters 11611

27. Der Mond ist aufgegangen

Text: Matthias Claudius (1740–1815), 1778
Melodie: Joh. A. P. Schulz (1747–1800), 1790
Satz: Jutta Michel-Becher

28. Abend wird es wieder

Text: Heinrich Hoffmann von Fallersleben (1798–1874)
Melodie: Johann Chr. H. Rinck (1770–1846)
Satz: Uwe Henkhaus

29. Guten Abend, gut Nacht

Text: 19. Jahrhundert
Melodie: Johannes Brahms (1833–1897)
Satz: Jochen Stankewitz

2. Gu-ten A-bend, gut Nacht, von Eng-lein be - wacht, die

A-bend, gut Nacht, von Eng-lein be - wacht, die

zei - gen im Traum dir Christ-kind-leins Baum: Schlaf nun

zei - gen im Traum dir Christ-kind-leins Baum: Schlaf nun

se - lig und süß schau im

se - lig und süß, schau im Traum s'Pa-ra - dies, schlaf nun

se - lig und süß, schau im Traum s'Pa-ra - dies, schlaf nun

se - lig und süß, schau im Traum s'Pa-ra - dies.

se - lig und süß, schau im Traum s'Pa-ra - dies.

30. Verstohlen geht der Mond auf

Anton Wilhelm von Zuccalmaglio (1803–1869)
nach einem rheinischen Flachsarbeiterlied
Satz * : Roland Erben

*) in Anlehnung an Brahms' 4-stimmigen Satz für gemischten Chor

Edition Peters 11611

Solo *(nur 3. Strophe)* — Alle

3. O schau-e, Mond, durchs Fen-ster-lein, blau, blau Blü-me-lein!

blau, blau Blü-me-lein!

Solo *(nur 4. Strophe)* — Solo

4. Und sieht er mich, und siehst du sie, blau, blau Blü-me-lein!

3. Schön'
4. Zwei

15

Alle

Ro - sen im Tal,

Ro - sen im Tal,

Tru - de lock mit dei - nem Schein!
treu - re Her - zen sahst du__ nie!

Ro - sen im Tal,

18

Mä - del im Saal, o schön - ste Ro - - se.

Mä - del im Saal, o schön - ste Ro - - se.

Mä - del im Saal, o schön - ste Ro - - se.

31. Horch, was kommt von draußen rein

Süddeutsches Volkslied, um 1870
Satz: Uwe Henkhaus

hol - la - hi - a - ho!_____

wirds wohl nicht ge - we - sen sein,_ hol - la - hi - a - ho, hol-la-ho!
kann ja lie - ben, wen ich will,_ hol - la - hi - a - ho, hol-la-ho! *(folgt 3.Str.)*
pflanzt mir drauf Ver-giss-nicht - mein, hol - la - hi - a - ho, hol-la-ho! *(Fine)*

wirds wohl nicht ge - we - sen sein, hol - la - hi - a - ho, hol-la-ho!
kann ja lie - ben, wen ich will, hol - la - hi - a - ho, hol-la-ho! *(folgt 3.Str.)*
pflanzt mir drauf Ver - giss - nicht- mein, hol - la - hi - a - ho, hol-la-ho! *(Fine)*

25 **langsamer**

uh_____ uh_____ uh_____

3. Wenn mein Lieb-chen Hoch-zeit hat, hol-la-hi, hol-la-ho, ist für mich ein

30

hol-la-hi-a - ho! Geh ich in mein Käm-mer - lein, hol-la - hi,

Trau-er-tag, hol-la-hi-a - ho! Geh ich in mein Käm-mer-lein, hol-la - hi,

39

hol - la - ho, tra-ge mei-nen Schmerz al - lein, hol-la - hi - a - ho._____

hol-la - ho, tra-ge mei-nen Schmerz al - lein, hol-la - hi - a - ho._____

(folgt 4. Strophe)

32. Muss i denn

Schwäbisches Volkslied, vor 1824
Satz: Cesar Bresgen (1913–1988)

1. Muss i denn, muss i denn zum

1. Muss i denn, muss i denn, muss i denn, muss i denn zum

Städ - te - le naus, Städ - te - le naus, und

wie - de-rum komm, wie - de-rum komm, kehr i

Städ - te - le naus, ja Städ - te - le naus, und

wie - de-rum komm, ja wie - de-rum komm, kehr i

du, mein Schatz, bleibst hier? Wenn i komm, wenn i komm, wenn i

ein, mein Schatz bei

du, mein Schatz, bleibst hier, bleibst thier? wenn i komm, wenn i

ein, mein Schatz bei

Edition Peters 11611

17

2. Wie du weinst, wie du weinst, dass i
3. Ü - bers Jahr, ü-bers Jahr, wenn ma

2. Wie du weinst, wie du weinst, wie du weinst, wie du weinst, dass i
3. Ü - bers Jahr, ü-bers Jahr, ü - bers Jahr, ü-bers Jahr, wenn ma

19

wan - de - re muss, wan - de - re muss, wie wenn
Träu - be - le schneidt, Träu - be - le schneidt, stell i

wan - de - re muss, ja__ wan - de - re muss, wie wenn
Träu - be - le schneidt, ja__ Träu - be - le schneidt, stell i

21

d'Lieb jetzt wär vor - bei! Sind au drauß, sind au drauß der__
hier mi wie-drum ein. Bin i dann, bin i dann dein

d'Lieb jetzt wär vor - bei, vor - bei!_____ Sind au drauß der__
hier mi__ wie-drum ein, wie-drum ein._____ Bin i dann dein

24

Mä - de - le viel, Mä - de - le viel, lie - ber
Schät - ze - le noch, Schät - ze - le noch, so__

Mä - de - le viel, ja__ Mä - de - le viel, lie - ber
Schät - ze - le noch, ja__ Schät - ze - le noch, so__

Schatz, i bleib dir treu, dir treu. Denk du net, wenn i 'ne
soll die Hoch-zeit sein, ja sein. Ü - bers Jahr, da ist mein

Schatz, i bleib dir treu.
soll die Hoch-zeit sein.
Denk du net, wenn i 'ne
Ü - bers Jahr, da ist mein

an - dre seh, no sei mein Lieb vor - bei! Sind au
Zeit vor - bei, da g'hör i mein und dein. Bin i

an - dre seh, no sei mein Lieb vor-bei! Sind au
Zeit vor-bei, da g'hör i mein und dein. Bin i

drauß, sind au drauß der Mä - de - le viel,
dann, bin i dann dein Schät - ze - le noch,

drauß der Mäd - le viel, der
dann dein Schä - tzle noch, dein

Mä - de - le viel, lie-ber Schatz, i bleib dir treu.
Schät - ze - le noch, so soll die Hoch-zeit sein.

Mä - de - le viel, lie-ber Schatz, i bleib dir treu.
Schät - ze - le noch, so soll die Hoch-zeit sein.

33. Zogen einst fünf wilde Schwäne

Text und Melodie: Ost- und Westpreußen
Satz: Jan Vermulst

Con moto

1. Zo-gen einst fünf wil-de Schwä-ne, Schwä-ne leuch-tend weiß und schön.

1. Zo-gen einst fünf wil-de Schwä-ne, Schwä-ne leuch-tend weiß und schön.

Zo-gen wil - de_ Schwä - ne, Schwä-ne leuch-tend weiß und schön.

Mel. (marc.)

Zo - gen einst fünf wil-de Schwä-ne, Schwä-ne leuch-tend weiß und schön.

Mel.

Sing, sing,_ was ge-schah? Kei-ner ward mehr ge - se-hen, ja!

Sing, sing,_ was ge-schah? Kei-ner ward mehr ge - se-hen, ja!

(rit. _ _ _ _ _ **)**

Oh!_ was ge-schah? Kei-ner ward mehr ge - sehn.

Mel.

Sing, sing was ge-schah? Kei - ner ward mehr ge - sehn.

Edition Peters 11611

34. Ich fahr dahin

Text und Melodie: Lochamer Liederbuch, 1452
Satz: nach Julius Spengel (1853–1936)

3. Ich bitt dich, liebste Fraue mein,
wann ich dich mein' und anders kein,
wann ich dir gib mein Lieb allein,
gedenk, dass ich dein Eigen bin!
Ich fahr dahin.

4. Halt du dein Treu so stet als ich!
So wie du willst, so findst du mich.
Halt dich in Hut, das bitt ich dich.
Gesegn dich Gott, ich fahr dahin!
Ich fahr dahin.

104

35. Es dunkelt schon in der Heide

Volkslied, seit 1802
Satz: Felicitas Kuckuck (1914–2001)

Edition Peters 11611

© Möseler Verlag
Mit freundlicher Genehmigung Schott Music, Mainz

106

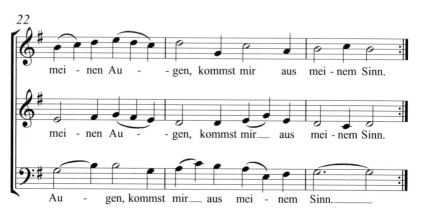

Edition Peters 11611

6. In meines Vaters Garten, da stehn zwei Bäumelein; das eine, das trägt Muskaten, das andre Braunnägelein.

7. Muskaten, die sind süße, Braunnägelein sind schön; wir beide müssen uns scheiden, ja scheiden, das tut weh. *(Fine)*

(folgt 7. Str.)

36. Ich hab die Nacht geträumet

(Der schwere Traum)

Text: vor 1820
Melodie: vor 1777
Satz: Ludwig Böhme

37. Weiß mir ein Blümlein blaue

Text: um 1570
Melodie: Straßburg 1582
Satz: Alwin M. Schronen

© 2022 by C. F. Peters Ltd & Co. KG, Leipzig

114

2. Das Blüm-lein, das ich mei - ne,
3. Mein Herz, das leit in Kum - mer,

2. Das Blüm-lein, das ich mei - ne, ist
3. Mein Herz, das leit in Kum - mer, dass

2. Das Blüm-lein, das ich mei - ne, ist
3. Mein Herz, das leit in Kum - mer, dass

ist braun, steht auf dem Ried. Von
dass mein ver - ges - sen ist, so

braun, steht auf dem Ried. Von
mein ver - ges - sen ist, so

braun, steht auf dem Ried. Von
mein ver - ges - sen ist, so

Art ist es so klei - ne, es heißt: Nun hab mich
hoff ich auf den Sum - mer und auf des Mai - en

Art ist es so klei - ne, es heißt: Nun hab mich
hoff ich auf den Sum - mer und auf des Mai - en

Art ist es so klei - ne, es heißt: Nun hab mich
hoff ich auf den Sum - mer und auf des Mai - en

38. Es geht eine dunkle Wolk herein

Text und Melodie: 16. Jahrhundert
Satz: Hans Chemin-Petit (1902–1981)

© 1941, 2022 by C. F. Peters Ltd & Co. KG, Leipzig

39. Und in dem Schneegebirge

Schlesisches Volkslied, 1842
Satz: Sylke Zimpel

1. Und in dem Schnee - ge - bir - ge, da fließt ein
2. Ich hab dar - aus ge - trun - ken so man - chen

Brünn - lein kalt, und wer das
küh - len Trunk; ich bin nicht

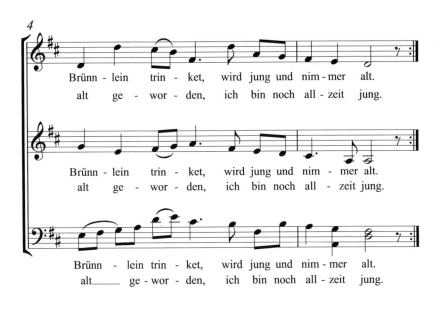

120

6

*) 3. „A - de mein Schatz, ich schei - de, a - de mein
*) 4. Wenn's schnei - et ro - te Ro - sen und reg-net
5. „Es schneit ja kei - ne Ro - sen und reg-net

*) 3. „A - de mein Schatz,___ ich schei - de, a - de mein
*) 4. Wenn's schnei - et ro - - te Ro - sen und reg-net
5. „Es schneit ja kei - ne Ro - sen und reg-net

3. „A - de mein Schatz, ich schei - de, a - de mein
4. Wenn's schnei - et ro - te Ro - sen und reg-net
5. „Es schneit ja kei - ne Ro - sen und reg-net

8

Schät - ze - lein!" „Wann a - ber
küh - len___ Wein. A - de, mein
kei - nen___ Wein. So kommst du

Schät - ze - lein!" „Wann a - ber
küh - - - len Wein. A - de, mein
kei - - - nen Wein. So kommst auch

Schät - ze - lein!" „Wann a - ber
küh - len Wein. A - de, mein
kei - nen Wein. So kommst auch

*) Im Interesse der Farbigkeit bietet es sich an, den Dialogcharakter des Liedes etwas herauszuarbeiten,
indem z. B. in der 3. und 4. Strophe die kursiv gedruckten Strophen bzw. Strophenteile durch Vokalisen
ersetzt werden. Ferner könnte auch der Alt solistisch in Erscheinung treten, indem er z.B. in der zweiten
Strophe allein den Text singt und von den anderen Stimmgruppen dezent auf Vokalise begleitet wird.
In diesem Fall werden Tonwiederholungen (z.B. Takt 9, M-Stimme, 3. und 4. Note) zusammengebunden.

Edition Peters 11611

9

kommst du wie - der. wann a - ber
Schatz, ich schei - de, a - de, mein
auch nicht wie - der, so kommst du

kommst du wie - der, wann a - ber
Schatz, ich schei - de, a - de, mein
auch nicht wie - der, so kommst du

kommst du wie - der, wann a - ber
Schatz, ich schei - de, a - de, mein
auch nicht wie - der, so kommst du

10

kommst du wie - der, Herz - al - ler - lieb - ster mein?"
Schatz, ich schei - de, a - de mein Schät - ze - lein."
auch nicht wie - der, Herz - al - ler - lieb - ster mein!"

kommst du wie - der, Herz - al - ler - lieb - ster mein?"
Schatz, ich schei - de, a - de mein Schät - ze - lein."
auch nicht wie - der, Herz - al - ler - lieb - ster mein!"

kommst du wie - der, Herz - al - ler - lieb - ster mein?"
Schatz, ich schei - de, a - de mein Schät - ze - lein."
auch nicht wie - der, Herz - al - ler - lieb - ster mein!"

40. Wenn ich gedenk der Stund

Jacob Regnart (1540–1599)

*) *Wiederholung mit gleichem Text*

Edition Peters 11611

1.–2. Leib will mir vor Leid, will mir vor Leid,

1.–2. mein Herz im Leib will mir vor Leid, will

1.–2. Herz im Leib will mir vor Leid, will mir vor

will mir vor Leid, will mir vor Leid____

mir vor Leid, will mir vor Leid, will

Leid, will mir vor Leid, will mir vor

ver-za - gen, mein Herz im - gen.

mir vor Leid____ ver-za - gen, - gen.

Leid____ ver - za - - gen, mein - gen. *(folgt 2. Str.)*

124

*) *Wiederholung mit gleichem Text*

Edition Peters 11611

*) Wdh. mit gleichem Text

41. Es war ein König in Thule

Text: Johann Wolfgang von Goethe (1749–1832), 1774
Musik: Carl Friedrich Zelter (1758–1832), 1812

1. Es war ein Kö - nig in Thu - le gar
2. Es ging ihm nichts dar - ü - ber, er
3. Und als er kam zu ster - ben, zählt'

Mel.

1. Es war ein Kö - nig in Thu - le gar
2. Es ging ihm nichts dar - ü - ber, er
3. Und als er kam zu ster - ben, zählt'

treu bis an sein Grab, dem ster - bend sei - ne
leert ihn je - den Schmaus; die Au - gen gin - gen ihm
er seine Städt im Reich, gönnt al - les sei - nen

treu bis an sein Grab, dem ster - bend sei - ne
leert ihn je - den Schmaus; die Au - gen gin - gen ihm
er seine Städt im Reich, gönnt al - les sei - nen

Buh - le ei - nen gold - nen Be - cher gab.
ü - ber, so oft er trank dar - aus.
Er - ben, den Be - cher nicht zu - gleich.

Buh - le ei - nen gold - nen Be - cher gab.
ü - ber, so oft er trank dar - aus.
Er - ben, den Be - cher nicht zu - gleich.

Edition Peters 11611

4. Er saß beim Kö - nigs - mah - le, die Rit - ter um ihn
5. Dort stand der al - te Ze - cher, trank letz - te Le - bens-
6. Er sah ihn stür - zen, trin - ken und sin - ken tief ins

4. Er saß beim Kö - nigs - mah - le, die Rit - ter um ihn
5. Dort stand der al - te Ze - cher, trank letz - te Le - bens-
6. Er sah ihn stür - zen, trin - ken und sin - ken tief ins

her,_____ auf ho - hen Vä - ter Saa - le, dort
- glut_____ und warf den heil - gen Be - cher hin-
Meer._____ Die Au - gen tä - ten ihm sin - ken, trank

her,_____ auf ho - hen Vä - ter Saa - le, dort
- glut_____ und warf den heil - gen Be - cher hin-
Meer._____ Die Au - gen tä - ten ihm sin - ken, trank

|4.–5.| |6.|

auf dem Schloss am Meer._____
- un - ter in die Flut._____
nie einen Tro - pfen mehr._____

auf dem Schloss am Meer._____
- un - ter in die Flut._____
nie einen Tro - pfen mehr._____

Edition Peters 11611

42. Es ist ein Schnitter

Text und Melodie: 1637
Satz: Jutta Michel-Becher

130

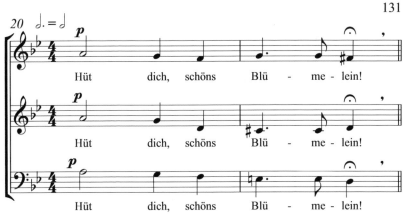

43. Es führt über den Main

Text: Frankfurter Totentanz aus dem Mittelalter
Mel. und Satz: Felicitas Kuckuck (1914–2001)

*) oder Alt

Edition Peters 11611

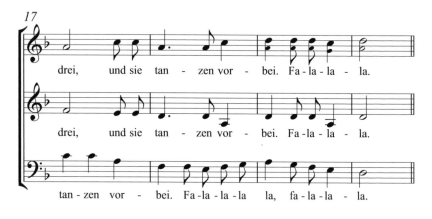

136

Edition Peters 11611

7. Al-le Leu-te__ im Land kom-men ei-lig ge-
8. Es__ führt ü-ber den Main ei-ne Brü-cke von

7. Al-le Leu-te__ im Land kom-men
8. Es__ führt ü-ber den Main ei-ne

7. Al-le Leu-te__ im__ Land kom-men
8. Es__ führt ü-ber den__ Main ei-ne

-rannt: Bleibt der Brü-cke doch fern, denn wir
Stein, wir__ fas-sen die Händ', und wir

ei-lig ge - rannt: Bleibt der Brü-cke doch
Brü-cke von Stein, wir__ fas-sen die

ei - lig ge - rannt: Bleibt der Brü-cke doch
Brü - cke von Stein, wir__ fas-sen die

tan-zen so gern. Fa-la-la-la-la, fa-la-la-la-la.
tan-zen ohn' End.

fern, denn wir tan - zen so gern. Fa-la-la - la.
Händ', und wir tan - zen ohn' End.

fern, denn wir tan - zen so gern.
Händ', und wir tan - zen ohn' End. Fa-la-la-la - la.

44. Ein Jäger aus Kurpfalz

Text und Melodie: um 1750
Satz: Ludwig Böhme

1. Ein Jä - ger aus Kur-
2. Auf, sat - telt mir mein
3. Wohl zwi-schen sei - ne
4. Jetzt reit ich nicht mehr

Ju-ja, ju-ja, er rei-te-tl- et, er rei - te-tl-

Ju - ja, ju - ja, er rei-te-tl- et, er rei - te-tl- et, er

-pfalz, der rei - tet durch den grü - nen Wald, er
Pferd und legt dar - auf den Man-tel - sack, so
Bein', da muss der Hirsch ge - schos-sen sein, ge-
heim, bis dass der Kuck-uck ku - ckuck schreit; er

- et, er rei - te - tl - ei - te - tl - ei - te - tl - et, ju - ja,

rei - te - tl - ei - te - tl - ei - te - tl - et, ju - ja, er

schießt sein Wild da - her, gleich wie es ihm ge - fällt. 1.–4. Ju-
reit ich hin und her als Jä - ger aus Kur-pfalz.
-schos-sen muss er sein, auf eins und zwei und drei!
schreit die gan-ze Nacht all - hier auf grü-ner Heid.

— er rei-te-tl - et, er rei-te-tl- et, ju - ja, ku - ckuck,

rei - te-tl-et, er rei-te-tl-et, ju - ja, ku - ckuck, ku-

Edition Peters 11611

45. Et ging en Reiter langs de Kant

Niederrheinisches Volkslied, vor 1856
Satz: Julius Röntgen (1855–1932)

1) moje = schöne

Edition Peters 11611

2) ou = euer, 3) Sun = Kuß, 4) böört = hebt, 5) es = einmal, 6) scheie = scheiden

46. Alleweil ein wenig lustig

Valentin Rathgeber (1682–1750)
Satz: Eusebius Mandyczewski

© 2022 by C. F. Peters Ltd & Co. KG, Leipzig

144

57

3. Al - le-weil ein we-nig Buß _____ g'tan, al - le-weil noch-mal ge-

3. Al - le-weil ein we-nig Buß g'tan, al - le-weil noch-mal ge-

3. Al - le-weil, al - le-weil ein we-nig Buß _____ g'tan,

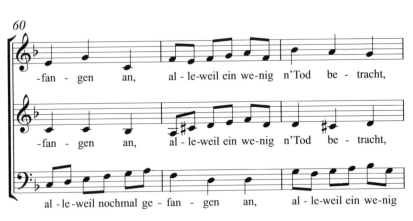

60

-fan - gen an, al - le-weil ein we-nig n'Tod be - tracht,

-fan - gen an, al - le-weil ein we-nig n'Tod be - tracht,

al - le-weil nochmal ge - fan - gen an, al - le-weil ein we-nig

63

al - le-weil ein we-nig wie - der g'lacht, all - zeit so so!

al - le-weil ein we-nig wie - der g'lacht, all - zeit so so, so so!

n'Tod be - tracht, al - leweil ein we-nig wieder g'lacht, so so, so so,

47. Zwischen Berg und tiefem Tal

Volkslied, vor 1820
Satz: Leo Blech (1855–1932)

Gemütlich

Immer ganz spitz

© 2022 by C. F. Peters Ltd & Co. KG, Leipzig

150

Edition Peters 11611

48. Die Gedanken sind frei

Text: um 1780
Melodie: 1810–1820
Satz: Uli Führe

1. Die Ge - dan-ken sind frei. Wer kann sie er - ra - ten? Sie

flie - hen vor - bei wie nächt - li - che Schat - ten. Kein

Mensch kann sie wis - sen, kein Jä - ger er - schie - ßen mit

Pul - ver_ und Blei: Die Ge - dan - ken sind frei!

Edition Peters 11611

152

Edition Peters 11611

Alphabetisches Verzeichnis